D1664248

KARIN ZÖHRER

MACH ES DIR LEICHTER ...

KARIN ZÖHRER

MACH ES DIR LEICHTER ...

ER-KENNTNIS ZU LEBEN

Illustrationen
von
Rene Gatti

Carinthia Verlag

ISBN 3-85378-405-4
Herstellung:
Graphischer Betrieb Carinthia, Klagenfurt

Vorwort

FREUDE …
war mein Weg-Begleiter, als ich
diese Texte schrieb, die aus
Situationen entstanden, die ich
fühlte, erkannte von Menschen, die
mir nahe stehen und denen, die mir
am Rande begegneten.

Einige werden sich in diesem Büch-
lein wiederfinden und Gelebtes an
sich vorüberziehen lassen.

Einige werden erkennen, daß sie
liebevolle Denkimpulse empfangen.

Das ist der Grund …
warum ich Erkenntnisse in Worte
gefaßt habe,
die für Euch ein Weg-Begleiter sind.

Angst

Wenn Dich das Angst-Syndrom
wie eine Zwangsjacke umschließt!
Angst, daß Du das Leben nicht meisterst.
Zweifel daran, daß das was geschieht
Dir weiterhilft.
Negationen um Dich herum
sich mit Deinem Leben verbinden.
Dein Glaube seinen Ausdruck in der
Resignation findet.
Hast Du die Möglichkeit:
Es ändert sich nichts,
was Du nicht ver-änderst.
Was Du nicht los-läßt,
läßt auch Dich nicht los.
Gib dem Gefühl glücklich zu sein
jede Chance …

Richtung-weisen

Sag nicht,
Du kannst die unverarbeiteten Dinge
in Deinem Leben nicht bewältigen.

Sag nicht,
Du erreichst Dein Ziel nicht,
weil Du schwach bist.

Sag nicht,
Du kannst an all dem
nichts ändern.

Wenn Du Deine Schritte
noch nicht in die Richtung
des Wollens gesetzt hast.

Ent-scheidung

Immer wieder sagst
Du
Du ent-scheidest
Dich
morgen …
morgen …
morgen …
erkennst Du nicht,
daß heute eine Flucht vor morgen ist?

Zukunfts – Angst

Das, was Du kennst,
gibt Dir das Gefühl
der Vertrautheit.
Warum macht Dir das Neue
manchmal Angst?
Mach Platz …
für das Neue in Deinem
Leben, es ist ein Teil Deiner
Entwicklung …

Problem – Erhaltung

Du verdeckst Deine Sicht mit dem
Ich – Gesellschafts – Spiel
"Verdrängung".
Jedes ungelöste Problem ist eine
offene Tür für das nächste.
Kopf in den Sand und mit den
Zähnen knirschen, macht es nur
täuschend leichter.
Und wenn Dein Ballast – Depot überläuft?
Was dann?
Du findest Dich in Deinem vor-
programmierten Scherbenhaufen
wieder.

Problem – Lösung

In jedem Problem liegt Schmerz
ändere es …

In jedem Problem liegt Wachstum
akzeptiere es …

in jedem Problem liegt auch seine Lösung
erkenne es …

Und Du hast die Möglichkeit
Deine Programme mit dem Impuls
"erledigt" zu speichern.

Gefühls – Stau!

Eins kommt zum anderen.
Du läßt Probleme ungeklärt.
Jetzt steckst Du im Stau
Deiner Gefühle.
Kannst weder vor, noch zurück.

Finde den Grund Deines Festhaltens,
damit Du wieder frei sein kannst.

Verfahren

Wenn Dir Deine Reise durchs Leben
immer mehr Kraft raubt,
sich der Sinn des Lebens
immer weiter von Dir entfernt,

dann hast Du einige
Stop! Schilder
und Wegweiser
Deiner Seele übersehen.

Versteckst Du Dich hinter
der Maske der Arroganz,
um nicht zu zeigen,
daß auch Du verletzbar bist?

Verletzbar bist Du nur da,
wo Du die Dinge für Dich
noch nicht geklärt hast.
Die Klärung in Dir läßt
keine …
Verletzungen zu.

Frei – Raum geben

An etwas festhalten,
bedeutet manchmal,
daß Du nicht bemerkst,
daß Du es schon längst
verloren hast.

Fließende Erleichterung ...

Wenn Dein Druckventil
die Belastung nicht mehr
aushält.
Deine Tränen haben
Berechtigung.
Auch Sie sind der
Druckausgleich
Deines Seelenlebens.

Manche Menschen
stehen morgens mit dem Gewicht
von gestern auf.
Manche Menschen
atmen mit jedem Atemzug
das Gefühl der Unerträglichkeit
ein.

Wenn wir der Einstellung zum Leben
die Schwerelosigkeit als Partner
geben, ist es leichter.

Leichtigkeit läßt keinen Druck zu.

Der Schatten in Deinem Leben
läßt Dich das Licht
in Deinem Leben noch stärker
empfinden.

Wer weiß, was morgen ist,
leben wir doch bewußt das
Heute ...
Und immer wieder das
Heute ...

Es gibt Menschen, die sich selbst
im Wege stehen und sich wundern,
daß sie ihr Ziel nie erreichen.

Schrankenlos

Beschränkungen setzt
Du Dir selbst.
Glaube und Vertrauen
sind notwendig,
um die Gedanken
zu kontrollieren
und dahin zu lenken
wohin Du willst.

- Du hast das Recht,
  die Richtung Deiner Wahl
  zu leben.
- Du hast die Möglichkeit
  Dein – Sein – zu kontrollieren.
- Du entscheidest, ob Du glücklich
  oder traurig bist.
- Du bist der Meister Deines Lebens.
- Die Verantwortung für Dich,
  trägst ganz alleine Du selbst.

Laß los – und erkenne

Laß sie los, die Restbestände
Deiner Sorgen,
sie halten nur die Vergangenheit fest
und hindern Dich daran,
jetzt glücklich zu sein.

Konfrontation läßt erkennen

Jede Erfahrung,
sei sie lustvoll
oder schmerzhaft,
wie Liebe
oder Krankheit,
schaffen wir uns selbst.

In unserer Tiefe die Wurzel
der Emotionen zu finden,
ist der Lehrpfad des Lebens.

Alles was wir fühlen,
ist bereits in uns verborgen.
Die Konfrontation
bringt es an den Tag.

Mauer-positiv-gesehen

Das Gefühl des Allein-Seins,
das Gefühl nicht geliebt zu werden,
Frustration in allen Zellen Deines Körpers
sind die "Do it your self Bausteine",
die eine dichte Mauer vor Dir wachsen
lassen und Dir die Sicht nach vorne
nehmen …
Setze die Bausteine Zu-ver-sicht
auf die Bausteine Selbst-ver-trauen
und verbinde sie mit dem Glauben
an die Möglichkeiten in Dir.
Und Dich umgibt eine Schutz-Mauer,
durch die Du sehen und greifen
kannst …
Eine Mauer ist so durchlässig
wie das Gedankenbild ihrer
Bausteine.

Grenzen – Los

Grenzen sind ein Sinnbild
eigener Beschränkung,
mit der Du nicht leben mußt.
Gib Dir die Chance,
Deine Freiheit zu spüren.

Die Macht der Gewohnheit

Für einige Menschen
ist streiten
zu einer Lieblingsbeschäftigung
geworden.
Sie setzen täglich
neue Impulse.

Warum
begreifen sie nicht?

Ein friedlich gelebtes
Heute ...
macht ein jedes Morgen
zu einer Vision
der Hoffnung.

Wie du mir, so ich dir

Viele Beziehungen
enden mit diesem Schlagabtausch.
Sie haben vergessen,
daß ein Miteinander
der Anfang war.

Begegnung

Du sagst mir nie was Du fühlst.
Du sagst mir nie was Du denkst.
Du sagst mir nie was Du willst.

Um Dich herum
ist eine Mauer des Schweigens.

Hast Du keine Angst, daß diese Mauer
irgendwann so hoch ist,
daß,
wenn Du endlich sprichst,
Deine Worte mich nicht mehr erreichen?

Un – gewollt

Liebe ist in mir …
trotzdem stelle ich immer wieder Zweifel
in den Raum.
Ich habe den Boden der Liebe
mit Skepsis, Wenn und Abers
getränkt.
Jetzt wundere ich mich,
warum der Samen schrumpft.
Ich habe daraus gelernt und
Vertrauen gesät.
Nun kann ich beobachten,
wie die Saat aufgeht
und weiß, ich werde ihre
Früchte ernten.

Rezeptfreie Hilfe

Deine Ironie umgibt Dich
wie ein Stacheldraht,
der jeden verletzt,
der Dir zu nahe kommt.

Spürst Du nicht, daß diese Stacheln
auch auf Deiner Seite sind
und das Verletzenwollen
Deinen Wunden entspringt.

Ich kenne eine hilfreiche Salbe für Dich.
Darin sind die Heilgefühle
Los-Lassen, Selbst-Vertrauen und Liebe
enthalten.

                Und das alles rezeptfrei.

Gespräche ohne Resonanz

Ich fühle mich unverstanden,
wenn meine Worte Dich erreichen,
aber der Sinn
unterwegs …
verloren geht.

Ist die Wand
des Nicht-Verstehen-Wollens
so hoch,
daß das Wesentliche
nicht mehr zu Dir findet?

Dis-tanz

Es sind nicht die vielen Kilometer,
die zwischen uns liegen,
daß wir uns voneinander entfernen.

Es ist die Distanz des Wiedersehens,
denn bevor wir uns wieder aneinander
herangetastet haben,
ist die Zeit des Abschieds
schon wieder da.

Wie sollten wir uns da näher kommen?

Illusionen

Du bist mir oft in meinen
Gedanken begegnet:

Wir gingen im Licht der Liebe,
den Weg der Seligkeit.
Das Glück ließ uns Flügel
der Leichtigkeit wachsen.
Wir spürten die Freiheit
der Gefühle.
Jetzt stehst Du vor mir
und ich möchte Dir sagen,
was meine Gedanken er-träumten.
Doch mein Mund bleibt stumm,
aus Angst, daß meine Worte
Dein Herz nicht erreichen.

Gewohnheits – Sache

Stellst Du Anforderungen
außerhalb der Norm,
geraten einige Menschen
aus der Fassung.
Die Norm der Gewohnheit
hält sie schein-bar
zusammen.

Eine zwischenmenschliche Station

Ich kann nicht erwarten,
daß Du etwas tust, was Du nicht willst.

Zuneigung läßt sich nicht erzwingen.

Ich kann nur hoffen,
daß wir einen Teil des Weges
gemeinsam gehen,
damit Du hineinspürst in Dein Empfinden
und Du Dir Klarheit verschaffst,
was Du willst.

Immer mehr Menschen
flüchten in die Welt
der Illusion.

Ob sie glauben,
damit
der Realität
zu entkommen?

Akzeptanz braucht keinen Fluchtweg.

Zeit ist eine Illusion,
die wir uns schaffen,
um darin unseren Erfolg zu messen
und unser Dasein zu kontrollieren.

Angst treibt Dich in ein Wirrwarr
Deiner Gefühle, aus denen Du nur
Blockaden auf Dich lädst.
Du blockierst die Liebe in Deinem
Herzen.

Willst Du das?

In Freiheit wachsen

Ständiger Gefühlsdruck
läßt Dich müde werden.
Du willst nicht mehr,
weil Dir der Freiraum
der Liebe fehlt.

Liebe ...
kann nur gedeihen.
Wenn Du ihr die Wahl des
Weges läßt.
Liebe ...
eignet sich nicht
für das Leben in einer
Schablone ...
sie braucht die Individualität
jedes einzelnen Menschen.

Verantwortung und Freiheit

Du läßt mir das Recht,
meine Verantwortung zu tragen.
Warum verwehrst Du mir das Recht
auf meine Freiheit?

Denn ...
die Freiheit in mir
läßt zu,
daß auch Du Deine Freiheit
leben kannst,
wenn Du es zuläßt.

Trennung kann Schmerz bedeuten
und Dir gleichzeitig
den Weg Deiner
Weiter – Entwicklung
zeigen …

Keine Verlust – Anzeige

In Deiner Nähe erschauern
und doch nicht frieren müssen.

Sich in Leidenschaft entflammen
und doch nicht verbrennen müssen.

Sich in Hingabe verlieren
und doch keinen Verlust empfinden.

Das heißt:
Ich laß Dich meine Lebendigkeit spüren
ohne den Stempel
"Dein Eigentum" zu tragen.

Frage nicht nach dem Warum –
akzeptiere und ändere es.

Börsenkurse in Freundschaft

Du bist den Menschen
mit Vorsicht, Abstand
und Intoleranz begegnet.
Die Aktien Freundschaft
fielen in den Keller.
Jetzt bist Du offen,
ohne Hemmschwellen.
Die Aktien Freundschaft
sind schon um einige
Prozent gestiegen.

Mauer – Blümchen

Einsam ist das Mauerblümchen,
schaut zaghaft in die Welt hinein.
Erfährt mit wachsendem Vertrauen,
daß "Leben" alle Türen öffnet.
Wagt es und wächst in die Freiheit
hinaus.
Jetzt weiß es, Entwicklung braucht
Frei-Raum und läßt zu, das Leben
in seiner Vielfalt an-zu-nehmen.

Die beste Art
ein Problem zu lösen,
ist:
Es sich nutzbar zu machen.

Nutze die Möglichkeit daraus
zu lernen.

Weiter – Kommen

Gestehe Dir zu,
Deine Meinung ändern zu dürfen.
Starr daran festhalten
bedeutet Stillstand.

Du weißt …
auch der Mensch ändert sich.

Mach es Dir leichter ...

Wirf alle Vor-Urteile über Bord,
Du machst Dir das Leben nur schwer.
Schenk ein Lächeln und Du bekommst
ein Lächeln zurück.

Was sollen da noch Vorur-Teile.

Akzeptiere Deine Mitmenschen,
so, wie sie sind
und glaube nicht,
sie ändern zu müssen.
Sie gehen nicht Deinen Weg.

Sie haben das Recht –
ihren Weg zu gehen.

Auf der Suche

Finde den Kern Deines
Wollens.
Nur um die Erwartungen
anderer zu erfüllen
bist Du nicht auf dieser
Welt.

Das Leben hält für jeden
einen Sinn bereit.

Gesellschaft in Liebe

Wenn Du etwas besseres vorhast
als Kritik zu üben,
dann sag es mir.

Ich leiste Dir gerne Gesellschaft,
die Dinge mit den Augen
des Einfühlens und Verstehens
zu sehen.

Akzeptiere Dich

Angeknabbert,
haben die vielen Zweifel
Dein Selbst-Bewußt-Sein.

Es bröckelt, zerfällt, wird
morsch und instabil.

Irgendwann stehst Du mitten
in Deinem Geröllhaufen.

Schau in Dich hinein!
In Dir kannst Du immer König (in) sein.
Du mußt Dir nur die Erlaubnis
dazu geben und Dich mit den Augen
der Liebe sehen.

Gewichts-Verlust

Ich habe es zugelassen,
daß meine Vergangenheit
bei mir Wurzeln geschlagen hat.

Wurzeln, die mir Kraft nehmen,
mich hindern,
die Gegenwart ohne Belastung zu leben.

Jetzt nähre ich meine Wurzeln
mit Loslassen und Vertrauen,
und fühle mich:
um einiges leichter.

Du bist Sender und Empfänger
für das, was Du Deinen Mitmenschen
spiegelst.

Du selbst prägst mit Deinen Gedanken
und Handeln, die Re – Aktionen
Deiner Umgebung und somit Dein
Leben …

Also wirst Du für Dich
doch nur das Beste wollen.

Selbst – Hilfe

Siehe jede Essenz Deines Handelns
als eine Bereicherung.
Gelernt hast Du aus Diesem – und
aus Jenem.

Die Erfahrung ist Dein Helfer
für das Kommende.

Un – Sicherheit

Weißt Du nicht,
daß Du alles
in Dir hast?
Laß es raus.
Laß es leben.

Treibholz

Laß Dich nicht wie Treibholz
von dem Sog der Strömung mitreißen.
Du bist der Strömung ausgeliefert
und wirst durch ihre Kraft
mal hierhin, mal dorthin getrieben
und die Verletzungen sind Dir sicher
bis Du irgendwo strandest,
wo Du gar nicht hinwolltest.

Wenn Du Dir Deiner sicher bist,
führen Dich Deine Schritte genau dahin,
wo Du Dein Ziel erreichst.

Frei – Schwimmen

Du bist unentschlossen.
Du traust Dir nicht zu,
daß Du es schaffst.

Mit Selbst-Vertrauen
den Sprung in Wasser wagen
bedeutet:
An der Oberfläche schwimmen.

Die Erkenntnis

Es gab Zeiten in meinem Leben,
in denen ich ertragen, geduldet
und resigniert habe.

Ich habe geglaubt,
ich lebe am Leben vorbei.

Jetzt bin ich dankbar für diese Erfahrung,
hat sie mir doch gezeigt,
daß der Weg zur Erkenntnis
mich mehr wachsen läßt,
als die Erkenntnis selbst.

Du bist die Schönheit dessen,
was Du lebst,
denn Deine Schönheit
ist Dein Glanz von innen.

Ab – Wechslung

Schau Dir einen Tag mit
seinen unzähligen Möglichkeiten an
und Du weißt, in welcher Vielfalt
Dir das Leben begegnet.

Warum lebst Du Deine Sorgen
von Gestern – Heute?
Heute …
ist ein anderer Tag.

Du kannst neu beginnen.